UNION DES SYNDICATS PATRONAUX
des Industries textiles de France

LES ÉTAPES

DE LA

RÉGLEMENTATION DU TRAVAIL

EN FRANCE

LE PROJET DE LOI TENDANT A RÉDUIRE
A DIX HEURES
LA DURÉE DU TRAVAIL DES HOMMES ADULTES

V

VI

LES ÉTAPES

DE LA

RÉGLEMENTATION DU TRAVAIL

LE PROJET DE LOI TENDANT A· RÉDUIRE

A DIX HEURES

LA DURÉE DU TRAVAIL DES HOMMES ADULTES

I

La Conférence de Berlin
1890

En 1888-1889, le Gouvernement de la Confédération helvétique songeait à la convocation d'une conférence internationale pour la réduction des heures de travail des femmes et des enfants lorsque, sur les conseils du prince de Bismark, l'empereur Guillaume II prît les devants et invita les principaux états industriels de l'Europe à se faire représenter, à Berlin, à une Conférence dont le programme était identique à celui que le Cabinet de Berne avait préparé.

Du rescrit impérial, promulgué à cette occasion, nous détachons le passage ci-après qui met en relief les mobiles auxquels obéirent l'empereur et son chancelier.

« Je suis résolu à prêter les mains, disait l'empereur, à l'amélioration du sort des ouvriers allemands, dans les limites qui sont fixées à ma sollicitude par·la nécessité de maintenir l'industrie allemande dans un état tel qu'elle puisse soutenir la concurrence sur le marché international et d'assurer par là son existence ainsi que

celle des ouvriers. La décadence de l'industrie allemande, par la perte de ses débouchés étrangers, priverait de leur pain non seulement les patrons, mais encore leurs ouvriers. Les difficultés qui s'opposent à l'amélioration du sort de nos ouvriers, et qui proviennent de la concurrence internationale, ne peuvent être sinon surmontées, du moins diminuées, **que par l'entente internationale des pays qui dominent le marché international.** »

Ainsi le souverain allemand et M. de Bismark **subordonnaient** *d'une façon absolue la* **réduction** *des* **heures** *de travail en Allemagne à l'application d'une* **mesure identique dans tous les états « dominant le marché international ».**

La France, comme tous les grands États, se rendit à l'invitation du Gouvernement allemand; elle fut représentée à Berlin, en 1890, par MM. Jules Simon, Tolain, Burdeau, Linder, Delahaye.

La Conférence écarta de suite de ses délibérations tout ce qui avait trait à la journée de travail des adultes, déjà limitée en France à 12 heures par le décret-loi du 9 septembre 1848. Elle borna son champ d'action à l'étude des mesures propres à protéger la femme et l'enfant et nous fûmes, de ce fait, en avance sur tous nos rivaux.

II

La loi du 2 novembre 1892 aggravée
par la loi du 30 mars 1900

Conformément aux résolutions de principe de la Conférence de Berlin, la loi française du 2 novembre 1892 limita la première, à 11 heures, la durée du travail des jeunes ouvriers du sexe masculin de moins de 18 ans et des femmes de tout âge employées dans les établissements industriels.

** **

Poussant plus loin l'expérience, la France ne tarda pas à s'écarter des limites tracées par la Conférence de Berlin : non seulement en dépassant ses rivaux économiques, en matière de réglementation du travail des femmes et des jeunes ouvriers et ouvrières de moins de 18 ans, mais encore en plaçant les hommes adultes travaillant avec le personnel protégé sous le même régime que celui-ci. C'est ainsi qu'un projet de loi déposé par M. Millerand, alors ministre du Commerce et de l'Industrie, fut adopté le 30 mars 1900; il abaissait, par paliers successifs, la durée du travail journalier du personnel protégé, de 11 à 10 h. 1/2 en 1902 et, de 10 heures 1/2 à 10 heures en 1904, *et étendait, par surcroît, cette mesure aux hommes adultes travaillant dans les « mêmes locaux » que les femmes et les jeunes ouvriers.*

L'administration prétendit même interpréter les mots « mêmes locaux » comme s'ils désignaient l' « établissement » tout entier. La question fut portée par l'industrie tullière devant la Cour de Cassation qui, par un arrêt du 30 mars 1900, décida qu'il fallait entendre par « mêmes locaux », non pas les établissements, mais seulement les salles où le travail s'opère « simultanément et en commun ».

Actuellement, tandis que les hommes âgés de plus de 18 ans, travaillant dans des ateliers ne comprenant ni femmes ni jeunes ouvriers de moins de 18 ans, restent placés sous le régime du décret-loi du 9 septembre 1848 (12 heures), ceux qui sont employés dans des « locaux » où travaillent des femmes et des jeunes ouvriers, sont soumis à la *limitation à 10 heures par jour.*

III

La Proposition Waddington-Maxime Lecomte adoptée par le Sénat le 24 mars 1904

La loi du 30 mars 1900 causa, dès son application, une gêne considérable à l'industrie textile. Elle se traduisit par une élévation des prix de revient qui fut chiffrée avec précision, au cours de l'enquête textile de 1904. D'autre part, pour les spécialités soumises comme le sont les diverses professions textiles, à l'influence des saisons et au caprice de la mode, c'est aller contre la nature des choses et méconnaître les nécessités industrielles que de subordonner l'organisation du travail à une législation aussi rigide que la loi du 30 mars 1900. Et si, en vertu de l'article 7 de la loi du 2 novembre 1892 et de l'article 5 du décret du 15 juillet 1893, quelques industries dites « saisonnières » peuvent, pendant 60 jours par an, sous réserve de l'autorisation de l'inspecteur du travail, prolonger de 2 heures le travail, il ne faut pas oublier que toutes les autres branches de la production textile restent soumises au régime uniforme des 10 heures, durant toute l'année (1). Il leur est

---

(1) Liste des industries textiles et non textiles dites saisonnières :

Ameublement, tapisserie, passementerie pour meubles.

Appareils orthopédiques.

Bateaux de rivière (Travaux extérieurs de construction et de réparation).

Bâtiment (Travaux extérieurs dans les chantiers de l'industrie du...)

Beurreries et fromageries non annexées à une ferme ou à un groupe de fermes réunies par un lien coopératif.

Bijouterie et joaillerie.

Biscuits employant le beurre frais (Fabrique de).

Blanchisseries de linge fin.

Boîtes de conserves (Fabriques de... et imprimeries sur métaux pour).

Bonneterie fine.

Briqueteries en plein air.

Brochage des imprimés.

Broderie et passementerie pour confections.

Cartons (Fabrique de) pour jouets, bonbons, cartes de visite, rubans.

Chapeaux (Fabrication et confection de) en toutes matières pour hommes et femmes.

Chaussures.

Colles et gélatine.

Coloriage au patron ou à la main.

Confections, coutures et lingeries pour femmes et enfants.

Confections pour hommes.

Confections en fourrures.

Conserves de fruits et confiserie, conserves de légumes et de poissons.

impossible de dépasser 10 heures de travail, non seulement pendant les rares périodes d'activité industrielle, mais même après un accident ayant entrainé un chômage.

C'est pour donner plus de souplesse à la réglementation du travail qu'une proposition fut déposée au Sénat par MM. Maxime Lecomte et Waddington et adoptée par la Haute Assemblée, le 24 mars 1904.

Sans toucher au principe de la loi de 1900, cette proposition prévoyait, pour toutes les industries, un crédit d'heures supplémentaires variant suivant

---

Corderies en plein air.
Corsets (Confection de).
Couronnes funéraires (Fabrique de).
Délainage des peaux de moutons.
Dorure pour ameublement.
Dorure pour encadrements.
Établissements industriels dans lesquels sont exécutés des travaux sur l'ordre du gouvernement et dans l'intérêt de la sûreté et de la défense nationales, après avis des ministres intéressés constatant expressément la nécessité de dérogation.
Filature, retordage de fils crêpés, bouclés et à boutons, de fils moulinés et multicolores.
Fleurs (Extraction des parfums des).
Fleurs et plumes.
Gaînerie.
Impression de la laine peignée, blanchissage, teinture et impression des fils de laine, de coton et de soie, destinés au tissage des étoffes de nouveauté.
Imprimeries typographiques.
Imprimeries lithographiques.
Imprimeries en taille-douce.
Jouets, bimbeloterie, petite tabletterie et articles de Paris (Fabrique de).
Orfèvrerie (Polissage, dorure, gravure, ciselage, guillochage et planage en).
Papier (Transformation du), fabrication des enveloppes, du cartonnage, des cahiers d'école, des registres, des papiers de fantaisie.
Papiers de tenture.
Parfumerie.
Porcelaine (Ateliers de décor sur).
Reliure.
Réparations urgentes de navires et de machines motrices.
Soie (Dévidage de la) pour étoffes de nouveauté.
Teinture, apprêt, blanchiment, impression, gaufrage et moirage des étoffes.
Tissage des étoffes de nouveauté destinées à l'habillement.
Tulles, dentelles et laizes de soie.
Voiles des navires armés pour la grande pêche (Confection et réparation).

le caractère propre des diverses branches de la production. Pour faire usage de ce crédit, il eût suffi à l'industriel d'adresser un simple préavis à l'Inspecteur du Travail.

Cette modification législative eût permis aux industriels français et à leur personnel de compenser, pendant les trop rares périodes de prospérité industrielle, celles de stagnation et de chômage et de participer, pour le plus grand profit du pays et surtout de la classe ouvrière, au mouvement d'activité des affaires qui se manifeste parfois sur les grands marchés du monde.

L'industrie textile, par exemple, étant sous la dépendance de plus en plus capricieuse de la mode et subissant à chaque instant le contre-coup des fluctuations des cours des matières premières, il devient de plus en plus nécessaire de la mettre en état de profiter des courts moments d'activité industrielle.

Nulle des spécialités textiles n'échappe à ces incidences : l'industrie cotonnière elle-même qui passait, il y a peu d'années encore, pour l'une des plus régulières, devient chaque jour plus instable, par suite des extraordinaires mouvements des cours du coton et des brusques modifications de l'état du marché mondial, ainsi que le démontre le tableau suivant :

Fluctuations de l'industrie du coton

SAISON	LE PLUS HAUT	LE PLUS BAS	ANNÉES
1892-1893.......	65	52	— prospère
1893-1894.......	55	45	— prospère
1894-1895.......	45	37 50	— prospère
1895-1896.......	58	47	— moyenne
1896-1897.......	57	50	— mauvaise
1897-1898.......	51	40 50	— mauvaise
1898-1899.......	42	38	— moyenne

SAISON	LE PLUS HAUT	LE PLUS BAS	ANNÉES
1899-1900.......	70	42	— prospère
1900-1901.......	82	53	— prospère
1901-1902.......	62	52	— moyenne
1902-1903.......	89	56	— mauvaise
1903-1904.......	103 50	72	— mauvaise
1904-1905.......	78 50	47	— mauvaise
1905-1906.......	78	65 50	— mauvaise
1906-1907.......	92 50	72	— prospère
1907-1908.......	87	67	— prospère
1908-1909.......	83	59	— mauvaise
1909-1910.......	101	83	— mauvaise
1910-1911.......	101	82	— mauvaise

Sur 19 années : 7 années *prospères :* bénéfices ;

— 3 années *moyennes :* pas de bénéfices. — Intérêt du capital et amortissement assurés ;

— 9 années *mauvaises ;* — l'amortissement n'est même pas assuré.

Les années 1909, 1910, 1911 ont été mauvaises partout, mais surtout en France ; par suite des modes excessives et des mauvaises récoltes, la demande s'est considérablement raréfiée. Dans toutes les régions cotonnières françaises, le chômage a été général.

IV

Projet de loi du 10 juillet 1906.
Rapport de M. Justin Godart déposé le 21 mars 1907.
Extraits des rapports
de la commission supérieure du Travail

Le texte adopté par le Sénat en 1904 ne fut même jamais examiné par la Chambre ; toutefois, les modifications projetées par la proposition Waddington-

Maxime Lecomte répondaient à tel point aux besoins de l'industrie que le Gouvernement crut devoir s'en inspirer, dans une certaine mesure, lors de l'élaboration du projet déposé à la Chambre par M. Doumergue, ministre du Commerce et de l'Industrie, le 10 juin 1906. Ce projet tendait :

1º à introduire. des dérogations dans la loi du 30 mars 1900, en ce qui touche le personnel mixte (hommes, femmes et jeunes ouvriers de moins de 18 ans travaillant dans les mêmes locaux) ;

2º à réduire à 10 heures la durée du travail des hommes adultes travaillant seuls, dans des locaux distincts du personnel protégé ;

3º à réglementer le travail des employés dans les établissements commerciaux.

La commission du travail, par l'organe de son rapporteur M. Godart s'exprimait ainsi : « Les industriels sont unanimes à proclamer *qu'un régime* « *uniforme, rigide est incompatible avec la production,* « *soumise à toutes sortes d'influences qui, tantôt la* « *ralentissent, tantôt la surchargent et nécessitent, par* « *conséquent, une liberté d'allure complète, ou tout* « *au moins une série de dérogations permettant de* « *répondre à toutes les exigences. Il faut pouvoir faire* « *des heures supplémentaires en temps voulu. Il est* « *nécessaire, dans l'intérêt de tous, de regagner* le temps « **perdu** *par suite de chômage industriel accidentel...*

« Tout le monde est d'accord. Il faut un crédit « d'heures supplémentaires facilement utilisable, sans « démarches et formalités compliquées pour permet « tre à l'industrie de se prêter aux à-coups de la « demande.

« Actuellement, il n'en est pas ainsi. Le rapport « de la Commission supérieure du travail s'explique à « ce sujet en ces termes qui doivent donner satis- « faction à tous car ils sont inspirés par la pratique « industrielle. »

Nous arrêterons là la citation mais nous reproduirons plus loin divers passages des rapports de la commission supérieure du travail qui confirment et soulignent l'opinion émise par M. Godart.

*
* *

Dans le même esprit, l'Association Nationale pour la protection légale des Travailleurs, conformément aux conclusions de trois rapports successifs *dont un de M. Millerand, admettait, en 1905, le principe de la généralisation des dérogations à toutes les industries.* Depuis lors, tous les rapports de la commission Supérieure du Travail de 1904 à 1910 ont conclu dans le même sens ; celui de 1904 s'exprimait ainsi :

« *Des renvois d'enfants sont encore signalés en assez grand nombre dans toutes les régions. Cependant il est permis de se demander, en raison de la facilité relative avec laquelle ont été accueillies les diminutions successives de la durée du travail, si la plupart des industriels qui recourent à ce moyen ne cherchent pas à rendre à leur organisation du travail l'élasticité qui lui manque, bien plutôt qu'à prolonger d'une façon normale et suivie la durée du travail de leur usine.*

« **Il est certain que si, dans certaines industries, le personnel enfantin n'a pas été renvoyé, c'est souvent grâce au classement de ces industries au bénéfice des dérogations de l'article 5 du décret du 15 juillet 1893.** *Il est donc permis de se demander si l'extension de cette mesure ne donnerait pas à la production une plus grande élasticité et, en assurant le maintien des enfants, n'atténuerait pas l'un des principaux griefs qui ont été élevés contre la loi du 30 mars 1900.*

« *Quoi qu'il en soit, il importe de trouver le remède à un état de choses qui n'affecte peut-être point encore directement la production, mais dont les effets sont de nature à exercer dans l'avenir une influence fâcheuse sur notre état industriel. La Commission Supérieure du Travail manquerait à tous ses devoirs si · elle ne signalait dès à présent à l'attention des pouvoirs publics les constatations ci-après, qui marquent un ralentissement progressif de l'apprentissage à l'atelier. »*

· Le rapport de 1909 développait la même idée :

» *La durée du travail est généralement de dix heures par jour, même dans les établissements n'occupant que des hommes adultes. Cette durée n'est dépassée, dans ces derniers établissements, que pendant les périodes de travail particulièrement actives.* **Il est donc certain que les industriels qui ont renvoyé les femmes ou les enfants pour les soustraire aux obligations de la loi du 30 mars 1900 n'auraient plus aucune raison de ne pas en occuper de nouveau si, au moment où il y a surcroit de travail, ils pouvaient être autorisés à faire faire des heures supplémentaires à leur personnel.** *Malheureusement, les restrictions relatives à la durée du travail ne peuvent être temporairement levées que pour les industries inscrites à l'article 5 du décret du 15 juillet 1893. Il serait donc désirable que le bénéfice de cette dérogation fût étendu à tous les établissements industriels indistinctement.* »

Le projet du Gouvernement fut retiré en 1907 de l'ordre du jour de la Chambre, à la suite d'unanimes protestations des groupements industriels et des chambres de commerce, contre les dispositions relatives à la réduction à 10 heures de la durée du travail des *hommes adultes.*

V

Modifications à la loi du 2 novembre 1892-30 mars 1900 proposées par la Commission chargée de l'examen du projet relatif à la mise en vigueur de la Convention internationale de Berne sur le travail de nuit des femmes employées dans l'industrie.

La Commission sénatoriale chargée de l'examen du projet de loi destiné à mettre en vigueur la convention de Berne reprit, en les modifiant légèrement, les plus essentielles des dispositions de la proposition Waddington-Maxime Lecomte déjà adoptées par le Sénat(1).

Elle considéra qu'au moment de faire œuvre de codification pour de la loi du 2 novembre 1892-30 mars 1900, il était logique d'incorporer dans cette loi le dispositions déjà adoptées par le Sénat sur le principe desquelles, de l'aveu même de M. Godart, l'accord semblait unanime.

Cette procédure s'imposait d'autant plus que l'article 8 de la conférence de Berne a accordé un délai de 10 ans pour la mise en vigueur des dispositions relatives au travail de nuit dans les industries du peignage, de la filature de laine et la fabrique de sucre et que certains états, comme la Belgique, ont été jusqu'à maintenir le travail de nuit, pour les femmes, dans ces industries spéciales.

Les dispositions proposées par la Commission sénatoriale étaient ainsi conçues :

Article 7 de la loi du 2 novembre 1912. — Dans tout établissement visé à l'article premier de la présente loi, en cas de chômage résultant d'une interruption accidentelle ou d'une cause de force majeure dûment cons-

(1) Rapport de M. le Sénateur Touron du 24 janvier 1911, déposé le 24 janvier 1911, n° 11.

tatée, les heures perdues pourront sur simple préavis être compensées en prolongeant la durée quotidienne du travail effectif des jours ouvrables pendant une période qui ne dépassera pas deux semaines, sans que la journée puisse excéder douze heures. Au delà de ce délai, la prolongation quotidienne du travail effectif ne pourra être continuée qu'après autorisation préalable de l'inspection du travail.

Les industries de plein air et celles qui emploient des matières périssables pourront également, sur simple préavis, prolonger la durée du travail journalier effectif dans le courant de l'année, sans que le total annuel de ces prolongations puisse dépasser quatre-vingt-dix jours ; les industries soumises à l'influence des saisons ou de la mode pourront dans les mêmes conditions prolonger la durée du travail sans que le total annuel de ces prolongations puisse dépasser soixante jours. En aucun cas, la journée de travail effectif ne pourra excéder douze heures.

En outre, les industries non comprises dans les catégories visées au précédent paragraphe disposeront d'un crédit annuel de soixante heures supplémentaires qui pourra être épuisé, sur préavis, sans que la durée du travail puisse excéder onze heures par jour.

Un règlement d'administration publique établira la nomenclature des industries qui devront être comprises dans les deux catégories visées au deuxième paragraphe du présent article et déterminera la forme du préavis à adresser à l'inspecteur du travail.

Article 2. — *La présente loi entrera en vigueur à la date du 1er janvier 1912.*

La discussion de ce projet ayant eu lieu tardivement, la Commission et le Gouvernement se mirent d'accord pour limiter les changements de texte aux dispositions concernant exclusivement le travail de nuit. La question des heures supplémentaires fut donc disjointe. Toutefois, au sujet des heures supplémentaires de jour en cas d'accident,

M. le ministre du Travail s'engagea à présenter, à bref délai, un projet spécial. Cet engagement fut tenu mais le projet, déposé le 9 février au Sénat, ne ressemble que de très loin aux dispositions de la proposition Waddington-Maxime Lecomte. Il dispose notamment que le temps perdu, à la suite d'un accident, ne pourrait être regagné au moyen d'heures supplémentaires que jusqu'à concurrence de moitié. Il ne spécifie pas nettement les diverses circonstances qui peuvent être considérées comme des cas de force majeure.

En résumé, *bien que l'on soit unanime à considérer que la réglementation actuelle du travail manque de souplesse, aucune mesure législative n'a été prise jusqu'ici pour en atténuer la rigidité.*

VI

Projet adopté par la Chambre et soumis actuellement au Sénat, tendant à réduire la durée du travail des hommes adultes à dix heures

Si aucune retouche n'a été apportée à notre législation du travail, au point de vue du régime des ateliers mixtes, en revanche la Chambre vient de gratifier l'industrie d'un projet tendant à réduire à 10 heures la durée du travail des hommes adultes. Le texte adopté reproduit à peu près le projet présenté par le Gouvernement, en 1906.

C'est un pas considérable de plus dans la voie de la réglementation du travail et notre industrie se verrait, si ce projet était voté, en proie à une règlementation excessive, que la France serait seule à avoir adoptée; une augmentation correspondante des prix de revient des produits manufacturés français s'en suivrait immédiatement.

A) *RÉSUMÉ DE LA LÉGISLATION ÉTRANGÈRE*

En résumé, la France est actuellement *le seul pays* dans lequel la durée du travail des hommes adultes, employés dans les ateliers mixtes, est soumise aux mêmes restrictions que la journée de la femme et de l'enfant.

La plupart des législations de l'Europe n'ont même point réglementé la durée du travail de l'homme adulte. Il en est notamment ainsi en Angleterre, en Allemagne, en Italie et en Belgique.

En outre, tandis qu'en France le jeune ouvrier est considéré comme adulte à 18 ans seulement, en Allemagne et en Angleterre, il est tenu pour adulte à 16 ans.

Les seuls pays, avec la France, dans lesquels la durée du travail de l'homme adulte soit réglementée, sont : l'Autriche (onze heures), la Russie (douze heures).

Même au point de vue de la durée du travail de la femme, en dépit de la conférence de Berlin, certains États industriels ne nous ont pas suivis. C'est ainsi qu'en Belgique, la durée du travail de la femme de plus de 21 ans n'est même pas réglementée !

B) *MODIFICATIONS ADOPTÉES PAR LA CHAMBRE*

Malgré la position d'avant-garde que la France occupe déjà, en matière de réglementation du travail, elle n'en continue pas moins à avancer sans se préoccuper si les autres nations la suivent.

La Chambre a cru ne devoir tenir aucun compte de la divergence des législations étrangères en matière de réglementation du travail, facteur si important cependant dans la lutte industrielle que se livrent les peuples. Les modifications qu'elle a introduites dans le texte de la commission n'en suppriment ni les dangers ni la portée, nous les indiquons cependant ci-dessous en caractères gras.

D'autre part, nous ne saurions protester trop énergiquement contre la disposition de l'article 2 qui s'en remet à un réglement d'administration publique du soin de faire la loi.

Projet de loi tendant à réduire à dix heures la durée du travail des ouvriers adultes dans les établissements industriels.

Texte adopté par la Chambre

Dans les manufactures, fabriques, usines, ateliers et chantiers, dans les mines, minières et carrières pour lesquelles la durée du travail n'est pas réglée par des lois spéciales, dans les entreprises de chargement et de déchargement, ainsi que dans les dépendances de tous ces établissements, de quelque nature qu'ils soient, publics ou privés, laïques ou religieux, même lorsqu'ils ont le caractère d'enseignement professionnel ou de bienfaisance, le travail effectif des ouvriers adultes ne peut dépasser dix heures par jour.

Toutefois, à dater de la publication du règlement d'administration publique prévu par l'article 2 de la présente loi, la durée du travail effectif journalier des ouvriers adultes occupés en dehors des locaux où travaillent des femmes et des enfants ne pourra excéder onze heures.

Au bout de deux ans, elle sera réduite à dix heures et demie, et, au bout d'une nouvelle période de deux ans, à dix heures.

Lorsque la durée dépasse huit heures, la journée du travail doit être coupée par un ou plusieurs repos collectifs d'une heure et demie au total.

Ces dispositions ne s'appliquent pas aux industries qui occupent habituellement : moins de vingt ouvriers si elles n'emploient pas de machines-outils actionnées par moteur mécanique, et moins de dix ouvriers si elles emploient des machines-outils.

Article 2.

Dans tout établissement visé à l'article 1er, le travail effectif des ouvriers adultes peut être prolongé jusqu'à douze heures par jour pendant quatre-vingt-dix jours par an.

Un règlement d'administration publique détermine les

exceptions qu'il y a eu [lieu d'apporter [aux dispositions de l'article premier.

1°) **Pour les travaux à feu continu exécutés normalement par équipes successives et pour les opérations à marche nécessairement continue;**

2°) **Pour les opérations qui, techniquement, ne peuvent être arrêtées à volonté;**

3°) A raison de certains travaux préparatoires ou complémentaires;

4°) Dans les cas d'accident ou pour cause de force majeure.

Il détermine également les formes dans lesquelles l'inspection du travail doit être préalablement avisée des dérogations utilisées en application du présent article, ainsi que les moyens de contrôle.

Art. 3.

La dispense édictée au dernier paragraphe de l'article 1er cessera de plein droit deux années après la date de la publication du règlement d'administration publique, sauf pour les établissements occupant habituellement, en dehors du personnel protégé par la loi du 2 novembre 1892, modifiée par la loi du 30 mars 1900, au plus dix ouvriers adultes, pour lesquels ce délai est porté à quatre années.

« Toutefois, la dispense sera définitive pour les établissements occupant au plus cinq ouvriers adultes et n'employant pas une force motrice supérieure à trois chevaux.

« Pour les ouvriers adultes auxquels s'appliquent ces dispenses, la durée maxima de la journée de travail est fixée à douze heures ».

Art. 4.

Le décret-loi du 9 septembre 1848, modifié par l'article 2 de la loi du 30 mars 1900, est abrogé.

Art. 5.

Les contraventions de la présente loi sont constatées et réprimées dans les conditions déterminées par les articles 17 à 29 inclus de la loi du 2 novembre 1892, modifiée par la loi du 30 mars 1900.

Les principales modifications adoptées par la Chambre ont eu pour objet :

1° D'accorder des dérogations spéciales aux petits ateliers;

2º De prescrire un ou plusieurs repos collectifs d'une heure et demie quand la journée de travail dépasse huit heures;

3º D'ajouter aux opérations et travaux pour lesquels la loi se réfère aux dispositions spéciales d'un règlement d'administration publique ceux qui ont lieu dans les industries à feu continu;

4º D'élever à 90, pour toutes les industries, le nombre de jours pendant lesquels la durée du travail *des ouvriers adultes* peut être portée à 12 heures.

C) *CRITIQUE DU PROJET ADOPTÉ PAR LA CHAMBRE*

1º Les dispositions du projet apporteraient les plus grandes entraves aux industries textiles, même à celles pour lesquelles la durée du travail est actuellement de dix heures, pour la presque totalité du personnel.

Il est, en effet, en tissage et en filature, des ateliers dits « de préparation » qui alimentent tout l'établissement.

Exemple : en tissage de coton, une des principales opérations préparatoires consiste à imprégner les fils de chaîne, destinés à être tissés, d'une substance agglutinante qui en rend la surface lisse et leur donne la résistance voulue : c'est l'encollage.

Les ateliers d'encollage, composés d'hommes adultes, sont souvent obligés de prolonger la journée au-delà de 10 heures, pendant un laps de temps qui peut varier d'un quart d'heure à une heure, quand il est nécessaire d'alimenter les autres ateliers. Même avec des dérogations, le régime de dix heures pour les adultes constituerait une grande gêne pour un travail industriel qui ne peut être soumis à une durée quotidienne uniforme. Nous croyons pouvoir affirmer que la plupart des branches de la production française se trouveraient dans une situation analogue.

2º Plusieurs industries textiles sont d'autre part obligées de travailler 12 heures, soit à certaines époques, soit pendant la plus grande partie de l'année.

Telle est la situation du peignage de la laine.

L'industrie du peignage qui consiste à désuinter, laver et nettoyer, puis à étirer et à paralléliser les filaments, travaille, pendant la plus grande partie de l'année, avec deux équipes dont le rôle, comme dans la presque généralité des industries textiles qui sont essentiellement mécaniques, consiste à surveiller la marche des machines. L'équipe de jour est composée d'hommes et de femmes travaillant 10 heures ; celle de nuit, comprend uniquement des hommes adultes employés pendant 12 heures. En Angleterre, en Belgique, c'est la même organisation qui prévaut.

L'industrie du peignage qui approvisionne d'autres industries de leur matière première subit, en raison de son caractère propre, des incidences toutes particulières :

1) — La tonte ayant lieu en Argentine et en Australie une fois par an, à des dates rapprochées, toutes les laines arrivent en même temps sur les marchés européens : il faut donc travailler vite pendant toute une partie de l'année. Il faut ajouter que le commerce de la laine peignée étant obligé de faire des avances de fonds considérables doit pouvoir livrer dans le plus bref délai.

2) D'autre part, à certains moments, et suivant la mode qui se dessine, la filature demande au peigneur tel ou tel genre de laine de façon à livrer du filé qui permettra au tisseur de faire tantôt du croisé, tantôt du mérinos. Le peigneur doit se hâter pour livrer à temps au filateur qui, lui-même, est pressé par le fabricant. Le fabricant, ensuite, exigera du teinturier un travail rapide ; il lui faut en effet mettre à temps, à la disposition du commerce, les

tissus qui répondent au goût de la clientèle ou aux exigences de la saison. Si le fabricant français arrive trop tard, les commandes iront à ses concurrents plus favorisés. Suivant que l'hiver s'annonce plus ou moins rigoureux, l'été plus ou moins chaud, on demandera tel tissu plutôt que tel autre, et cela au dernier moment.

L'observation que nous formulons à propos du peignage, de la filature et du tissage de laine, s'applique plus ou moins, suivant leur nature propre à toutes les industries textiles. Mais elle est d'autant plus justifiée à l'égard du peignage de laine, que cette industrie dont la valeur (bâtiments et outillage) représente 80.000.000 de francs, travaille en grande partie pour l'exportation. En effet, sur une production annuelle moyenne de 70.000.000 de kilogr., 25.000.000 sont exportés par les peignages français.

Or, il ne faut pas oublier, qu'en Angleterre, la durée du travail effectif des équipes de nuit, composées d'hommes adultes, est de 11 h. 1/2, (1) et, qu'en Belgique, le travail de nuit atteint 12 heures, même avec un personnel de femmes, la convention de Berne, autorisant les femmes à travailler la nuit dans les peignages, les filatures de laine et les fabriques de sucre, jusqu'en 1920.

Comment la production française pourrait-elle lutter contre des concurrents placés dans des conditions aussi avantageuses? Quelle serait la situation des industriels français du peignage, de la filature de laine, comme des fabriques de sucre, en face de leurs concurrents belges qui, non seulement ne sont soumis à aucune mesure réglementaire, au point de vue de la durée du travail de jour des hommes de plus de 16 ans et des femmes de plus de 21 ans, mais qui

____

(1) La durée de présence totale à l'usine est, pour les ouvriers des peignages anglais de Bradford, de 12 h. h. 3/4.

sont autorisés à maintenir le travail de nuit des femmes jusqu'en 1920?

CONCLUSION

La constatation des situations si inégales des divers États industriels en matière de réglementation du travail, qui constitue un facteur essentiel au point de vue de l'établissement des prix de revient, met en évidence l'infériorité dans laquelle s'est bénévolement placé notre pays en voulant devancer les autres États.

Certes, une telle conception répond à un idéal généreux, mais elle est des plus dangereuses au point de vue du développement de l'activité industrielle qui, de plus en plus, constitue la force vive des états modernes.

Aussi, aucune conclusion ne saurait-elle mieux convenir à cet exposé que la phrase du rescrit de l'empereur Guillaume, citée au début de cette note, et qui s'applique à la situation dans laquelle se trouverait l'industrie nationale le jour où le législateur méconnaîtrait la nécessité qui s'impose de permettre aux industriels français de lutter à armes égales contre leurs rivaux étrangers.

« La décadence de notre industrie pouvons-nous
« dire après l'empereur Guillaume, priverait de leur
« pain, non seulement les patrons, mais encore les
« ouvriers, d'où *l'impérieuse nécessité de la maintenir*
« *dans un état tel qu'elle puisse soutenir la concurrence*
« *sur le marché international et assurer par là son exis-*
« *tence ainsi que celle des ouvriers.* »

Autrement dit : avant de réduire en quoi que ce soit les heures de travail en France il importe de s'assurer, comme ont tenu à le faire dans l'intérêt de l'Allemagne l'empereur Guillaume et son chancelier, que tous les peuples « qui dominent le marché international » en feront autant le même jour.

PITHIVIERS. — IMP. DOMANGÉ ET Cⁱᵉ. — Nᵒ 4347

www.ingramcontent.com/pod-product-compliance
Lightning Source LLC
LaVergne TN
LVHW010132060726
842524LV00005B/1875